Félix Calel

Magias Eróticas

Reservados todos los derechos. No se permite la reproducción total o parcial de esta obra, ni su incorporación a un sistema informático, ni su transmisión en cualquier forma o por cualquier medio (electrónico, mecánico, fotocopia, grabación u otros) sin autorización previa y por escrito de los titulares del copyright. La infracción de dichos derechos puede constituir un delito contra la propiedad intelectual.

Ibukku es una editorial de autopublicación. El contenido de esta obra es responsabilidad del autor y no refleja necesariamente las opiniones de la casa editora.

MAGIAS ERÓTICAS
Publicado por Ibukku
www.ibukku.com
Diseño y maquetación: Índigo Estudio Gráfico
Copyright © 2019 FELIX CALEL
ISBN Paperback: 978-1-64086-380-4
ISBN eBook: 978-1-64086-381-1

ÍNDICE

Prólogo	7
Introducción	9
Agradecimientos	11
Olores	13
Camino mojada	14
Me gusta tu cuerpo	15
Dedo sudado	16
Oído débil	17
Vaginas son vaginas	18
Seducido	19
La perfección	20
Manjar	21
Estas como quieres	22
Gemidos	23
Orgasmo	24
Trío	26
Poesía Sexy	27
Pene de sabor	28
Sabores de vagina	29
Semen	30
Qué bonito	31
Como estas mándamelo	32
Nalgas	33
Pene	34
Tu vagina	35
Tetas	36
Palabras mágicas	37
Voy a llegar	38

Exclamación	39
Así, así	40
No pares	41
Soy tuya	42
Dame más	43
Me encanta que	44
Hazme lo que quieras	45
Placer de cinco sentidos	46
Sentimientos mixtos	47
Montañas de burbujas	48
Despertar en ti	49
Tu sol	50
Preso de tus besos	51
Hermosa curva roja	52
Curvas iluminadas	53
Triste de ti, mujer	54
Hermosura de una mujer	55
Piel morena	56
Mirada de tus ojos	57
Corazón inspirado	58
Tu voz	59
El roce de tu piel	60
Hipnotizado	61
Dos gotas y un río	62
Me derrites	63
Piernas	64
El cabello	65
Te imagino	66
Humedecerme	67
Labios mojados	68

Dame una noche	69
El sexo es arte	70
Placer sexual	72
Uno al otro	73
Deseo excitante	74
Química	75
Qué rico	77
Lubricados	78
Conclusión	79
Biografía	81

Prólogo

El hombre y la mujer, a través de la historia de la humanidad, siempre se han buscado mutuamente y dedicado canciones, imágenes y poesías. No sólo por instinto, sino también para construir ese lazo entre ellos.

En estos tiempos hay personas que, al tener intimidad con su pareja, ya no se hablan, sólo empiezan a tener relación sexual. En el caso de nosotros los hombres, muchos han perdido el detalle de regalarle una rosa o flores; ya ni dicen te quiero o te amo. Tal vez muchos se divorcian para darse un espacio entre ellos. Sí están juntos, pero tal vez no son felices.

Calel está destinado a ejercer una enorme diferencia en el mundo a través de sus obras. La sabiduría, profundidad y perspicacia de sus poesías le permite a los lectores, poner en práctica o dedicar uno de sus poemas inmediatamente, al tener este libro en sus manos, que puede cambiar sus vidas.

Espero que estas poesías te ayuden a alimentar el amor de tu vida y vivir una vida llena de alegrías.

Introducción

Con mucho entusiasmo me di a la tarea de escribir todas las poesías que se me presentaban, llegar a saber qué es lo que le gustaría escuchar a una mujer en momentos de intimidad sexual con un hombre y viceversa.

Haciendo uso de las ventajas que ofrece el Internet, decidí escribir una tras otra hasta llegar a acumular estas poesías. No cabe la menor duda de que me faltó escribir más poemas, porque a un tema se le pueden escribir diferentes contenidos. Claro que mi intención no es simplemente que obtengas este libro, sino que lo leas.

El contenido de este libro, según su creencia o la educación del lector, decidirá si son poemas, sonetos o rimas. No tengo problema con eso si dedicas estas rimas o poemas en la calle a personas desconocidas. En mi opinión como escritor o autor no es recomendable, porque no conoces o no sabes cómo reaccionará la persona. Por esta razón te digo que puedes dedicarlas a la persona que ya conoces más o menos, para que no entres en líos.

Agradecimientos

Agradezco primeramente a Dios por permitirme hacer realidad esta obra que, en momentos, fueron inspiraciones, imaginaciones y hechos. Ahora ya están escritos y publicados en un libro.

En segundo lugar agradezco a mí mismo por perseverar en esta carrera de la literatura que es mi pasión.

En tercer lugar agradezco a todo el personal de la editorial Ibukku, que trabajaron con mi obra; y a mis lectores que compran mi libro, gracias a ustedes que hicieron mis sueños realidad, como los sueños de ustedes se hicieron realidad. Muchísimas gracias, ¡Dios nos bendiga a todos!

Olores

Es tu olor lo que huelo
lo que huelo es tu olor

Aromatizas el viento
el viento está enamorado de tu olor
y mis sentimientos los vuelas
y tu olor me regresa

Hermoso tu olor que se disuelve por el aire
¡oh! bella mujer, amo como hueles
Tu olor es cítrico
tu olor es único
tu olor es precioso
tu olor es hermoso

Tu olor es una mezcla de vapores
es aire de gases
que entran por mis narices

Fragancia de tu cuerpo
aroma de jazmín
olor suave como de las flores
como la de un jardín

Tu olor a pescado no todas las veces
es presencia de un problema
Limpiándose más el área
en busca de un olor a vinagre de sidra

Lo que te apesta lo huelo
lo que no te huele no me gusta
lo que huele mal sólo se ajusta, hueles como hueles... te huelo

Camino mojada

El camino estaba muy mojada
voy caminando acalorado
mi sorpresa el pueblito empapada

Labios mojadas
muslos hermosas
cabecita se moja
en su alma me aloja

Camino mojada
andante sudado
su color rosada
de ella me enamorado

camino rasurada
en ella me espinaba
camino cabelluda
en mi se enrollaba

Camino estrecha
en ella el andante se echa
caminarla perfecta
es dejarla coqueta

Empañado en su calor
enamorado de su amor
vereda de amor
rocío de mi flor

Me gusta tu cuerpo

Me gusta tu cuerpo
tu curva vertical
esa grasa abdominal
me hace muy original

Me alienta tu amor
Me caliente tu calor
cobijas mis ojos de belleza
me enloquece tu naturaleza

Te miro y digo me gustas
eres un rayo de luz alumbrando la oscuridad
tu belleza impacta mis ojos
mi pensamiento contacta tu belleza

He encontrado la perfección en ti
Eres como eres, yo te quiero
Estás como estás, yo te quiero
Haces lo que haces, yo te quiero

me das lo que me das, yo te quiero
piensas lo que piensas, yo te quiero

me dices lo que me dices, igual te quiero
las excusas que me das conmigo no funcionan

Dedo sudado

Dedo gordo, dedo delgado
dedo quieto, dedo travieso

dedo dedeando una vagina
dedo cansado tras una rutina

Dedo cansado por una vagina
vagina consumida por un dedo

dedo empañado en calor vaginal
vagina deseando un dedo original

Dedo mojado en saliva
dedo acabado en vida

Dedo hambriento
en una noche contenta

Dedo al pene celosa
a una niña cariñosa

Dedo adicto a su vicio
y dueña de un orificio

Oído débil

Oído tierno
oído atento
oído sordo

Oído es el que escucha
oído es el que capta
oído es el que entiende

Micrófono de la mente consciente
multiplicador del inconsciente

Oído escucha algo bonito
y la de abajo afloja

oído débil es el que hace
cualquier cosa que le dicen

Oído es el que oye lo bonito
oído es el que capta lo bueno

Micrófono del cuerpo
transportador de voz

A una criatura se escucha gemir
el caballero su escucha de vivir

Vaginas son vaginas

Vagina grande
vagina mediana
vagina pequeña
todas disfrutan en grande

Vagina velluda
vagina semicortada
vagina pelada
todas son gozadas

Vagina casada
vagina divorciada
vagina viuda
todas terminan disfrutadas

Vagina masturbada
vagina dedeada
vagina cogida
todas terminan sudadas

Vagina deseada
vagina imaginada
vagina manoseadas
todas son amadas

Vagina jugosa
vagina celosa
vagina golosa
todas son amorosas

Vagina hermosa
vagina preciosa
vagina caprichosa
vaginas son vaginas

Seducido

Mis ojos fueron seducidos por tu belleza
tu belleza entró por mis ojos

Tus curvas hermosas revolcó mi pensar
mi mente se encendió por tus curvas

Tu lengua afilada
y tus dos piernas hermosas
bastaron para seducirme,
más tus ojos preciosos

Tus gestos químicas me bailaron a rítmicas
tu voz seductora me dijo algo bonito
y yo aflojé

Por ti ángel en belleza
te amo de los pies a la cabeza

Tus labios en frío congelada
en calor vestida en sudor
bella mujer por una bestia alocada
en pasiones empañada

En acción apasionada
junto a mí enamorada
los días de ayer yo te extrañaba
pensarte si todavía me amabas

Mi pensamiento te imaginaba
por ti en mis ilusiones terminaba

La perfección

Me encantaron tus piecitos,
¡me corrí mirándote!
A ti, bella mujer, se la dejo toda
eres una cosita hermosa

Mis respetos campeón
que ternura de niña
me agarran bien ustedes
mirando nubes con asientos

Nunca pensé que la perfección tuviese cara
le agarran mucho amor
esto le cobró caro a Satanás

Por mujeres así quién no ama
aquí en prisa para amar a una hermosa
por aqui en brazos calientica
por allá para pasarla rico

Esta bien linda
no hay necesidad para escoger
más descontrol de sólo verla
como no gustar para mirar.

Le agradaría a muchos tenerla
aunque no les bastaría verla
con la curiosidad de tocarla
sin pensar un poquito en amarla.

Manjar

Erotismo al máximo,
un ángel a lo sensual
la protagonista es una belleza,
¡cómo no aceptar su naturaleza!

Conversación cachonda
cómo no vivir en paz.
Todo es fascinante
y alguien quiere más.

Pelos encantadores en la mano
dos volcanes hermosos
queriéndola, amándola sin hacerle daño
y queriendo ser jóven a pesar de los años.

Hermosa hembra costeña
sin comentarios, vertical todita
delicia de manjar, Valentina
devorada en una noche todita

Una buena acción complació mi gusto
un deseo convertido en adicción,
una Santa en placer pervertida
un ángel en una bestia cachondeo.

Estas como quieres

Estoy viendo que estás como quieres
me gustan tus preciosas andas
cómo saborear de lengua por años
no sé cómo referir a lo que prefieres.

¿Quién no hace cosas por mañas,
sin pensar consecuencias malas?
Actuar que todo va perfecto
sin imaginar que es incorrecto

Estás como nunca imaginé
mis locuras tras de ti las hice caminar
tu belleza en mi mente la tendré
tu hermosura jamás y nunca la voy olvidar

Sí, tú estás para amar, mas no para olvidar.
Sí, tú estás para querer, mas no para odiar.
Yo quiero que quieras lo que yo quiero contigo.
Y sí, lo que quieres conmigo quiero yo contigo.

Cómo no esperarte si te quiero
cómo no extrañarte si tengo la necesidad de tenerte.
Deseo que quieras lo que prefiero
y en tus labios los míos están perdidos

Gemidos

Gozó de un sexo placentero
y un poco más

Canto sonoro entre la oscuridad
con el riesgo de incomodar a alguien más.

Grito de una llegada al mundo
vocalización ruidosa
soltado al aire a través de las cuerdas vocales

Gritos de placer,
voz juvenil
maravilla del cuerpo
susurro angelical

Grito adolescente
y un poco más de experiencia
voz aguda en una noche de luna

Tono femenino
poesía de la noche
canción pervertida

Música hermosa
canción romántica
en un momento de magia

Orgasmo

El orgasmo es grito de gozo
grito de placer, suspiro del sexo

Es una voz teatral femenina
es una voz silenciosa
grito sonoro muy placentero

Escalera de mis deseos
subida al cielo de estrellas.

Descarga repentina
tensión acumulada
rítmicas en la rosa roja.

Maravilla del placer,
sueños de un caballero
y vida de una dama.

Quien diría que los nervios no son ricos
son una euforia en general
y frecuentemente especial.

Movimiento del cuerpo
y localizaciones de tus labios.
Dispares de gotas de rocío.

Momentos de calor refrescante
una rutina llena de experiencia relajante

Es una práctica propia
o puedes probar conmigo

Orgasmo negativo ¡Ay no, ay no, ay no!
orgasmo positivo ¡Sí, sí, sí!

orgasmo religioso ¡Ay Dios mío. virgen santísima!

Orgasmo rápido y furioso ¡Ay ya, apúrate!
orgasmo escondida "Shi, despacio".
orgasmo dolido ¡Ay, ay, ay, ay, áahhh!
orgasmo salvaje ¡Sí, sí, más duro, sí!

Orgasmo inglés ¡Oh my god!
orgasmo asesino ¡Ay si me lo sacas te mato!

Trío

En una noche de frío
entré en calor formando un trío
junto a hermosas mujeres sin lío
complacieron el gusto mío

Son mis placeres de carnes
o mis deseos de estar acompañado
sin cuidado de amar y menos amor
demasiado calor y empapado en sudor

En un espacio estrecho
mi cabeza en dos pechos
un pétalo cambiando de flor.

Entendí que la vida es de momento
parte de la lujuria, bellas damas me llevaron a la gloria
en mi mente quedaron grabadas dos musas
dos bellezas entraron por mis ojos
y quedaron en memoria

Tres cuerpo en calor
un masculino consumido
dos almas divinas
tres olfatos para un olor

Dos vaginas, un pene,
cuatro tetas, un bebé
una noche de romance
y seis piernas cruzadas.

Un hombre complacido
como un lobo con dos túneles sin salida
dos mujeres contentas sin ser amadas.

Poesía Sexy

Tu vagina besó mi pene
tus tetas me dieron leche para amamantar
tus piernas me abrieron la puerta del paraíso
tus nalgas me aplaudieron también.

Tu garganta no sólo gime de placer tragando ese mágico
si no que también me declamó la poesía más sexy del mundo
en una travesura sin ser comido, pero fue complacido.

Tus ojos vieron las estrellas
con unas gotas de emoción
tu corazón llegó al cielo sin tener que volar
en la luna tu cuerpo, empapada.

Tu voz susurrando deseos
hundiéndome en el mar de tu sudor
mientras tanto oliendo tu olor
queriendo amarte en el amor

No sé si hicimos bien al sólo pensar en el placer
lo único que sé es que estuvimos felices para disfrutar.
Para qué pensar en arrepentirse
si nos queda una vida para amarse.

Pene de sabor

Demasiado bueno para ser real
encuentro en ti lo que encuentro en una parrilla.

Ahora es mi mejor medicina
sabe a lluvia y es increíble.

En un trozo de carne
encuentro un sabor a ciruela madura

Sin ir al gimnasio mi vestuario húmedo.
Incluso tras la ducha
si me huelo la mano huele a gimnasio.

¿Conoces el aroma que queda después de que se corta el césped
tras un día de verano?
Así olía una noche de invierno en mi cuarto.

Si, a veces me chupo la parte interna del codo.
En esa arruga de mi brazo huele y sabe algo único.

Esta varita mágica cambia de olor
y come grandes, pequeñas, gordas y delgadas.

Da calor cuando hay frío
sabe a cítrico, neutro o a pescado
no escoge donde entrar
entra donde quiere cuando quiere.

Un buen sabor en tu boca
un olor olfateado

Sabores de vagina

Cómo jamón de acción de gracias
con un poco de jugo de piña
entre dos muslos de lomas
en medio de ellas un pino de noche buena.

Una rosa con ansias de ser consumido su néctar
una niña fuera de la rutina
deseando ser amada tras de las colinas

Cada vez voy recorriendo, simétrico sabe más a cítrico.
Mi amada se sabe a camarones
eso me parece muy bien.

Es como un si poco de fresa escurriera en mi mejilla
es exactamente la gota del túnel del paraíso
si me chupo el brazo, exactamente sabe al agua de los rizos.

Sabor a piel con un poco de sudor, nada de presumir,
pero nada de que quejarse tampoco.

Ella es hermosa y tiene un buen cuerpo
no sé la medida exacta, pero es perfecta.

Sabe como cuando te besa un cachorrito.
Es el mejor sabor del mundo.

Imagina tomar la botella de vino tinto más dulce y rico.
Es exactamente lo que probé de mi amor.

Semen

Cataratas de la vagina
erupción del pene
lava de la vagina
río entre las colinas

Río blanco,
río transparente,
río del placer
resultado del sexo

Catarata escondida,
arroyo divino,
agua del amor
manantial entre los vellos

Saliva del pene
ola del sexo
nieve de la noche
placer del cuerpo

Unos labios recorrer
unos vellos mojar
dos ángeles satisfacer

Líquido del deseo
leche de la oscuridad

Nubes de los ojos
electricidad pura

Líquido desnudo
aroma de mi olfato

Qué bonito

Qué bonito y me gusta mucho
qué lindo hundirme en tus ansias
qué bonito es caerme en tus mañas
pero más lindo verme en tu mundo.

Qué bello es tu cuerpo
y más bello mojarme en él.
Bello es y perfecto.
Linda como una estrella.

¿Te gusta? ¡Sí! A mí también.
Mi musa, contigo todo está bien
contigo todo es hermoso
contigo todo es maravilloso.

No hay nada que me falte
todo en una eternidad para amarte

Hermoso complacerte
bello es conocerte
lindo es tenerte
hermoso es embellecerme en ti.

Como estas mándamelo

Si estás acostado mandame tu estrés
si me estás viendo dime cómo me ves

Si estás sentado mándame tu asiento
si estás trabajando mándame tu trabajo
si estás descansando mándame tu descanso

Si estás vagando mándame tus rumbos
si estás fumando mándame tus humos
si estás sudando mándame tu sudor

Si estás tomando mándame tus tragos
si estás nadando mándame tus lagos

Si estás riendo mándame tus risas
Así como estás viviendo mándame tu vivir

Si estás asustado mándame tus miedos
si estas temblando mándame tus nervios

Si estás cagando mándame tus pedos
si estás agarrando mándame tus dedos

Nalgas

Belleza de la playa
paisaje de mi cama

Curvas caribeñas
las hay grandes
y pequeñas.

Curvas preciosas
curvas caprichosas
curvas hermosas

Hay quienes que se envidian entre ellas
o se ponen celosas por otras.

Belleza de curva ahumado

Las nalgas son dos lomas
y un agujero del humo ligero.

Las hay nalgonas,
pequeñas y chiquititas.

Las más grandes son llamadas nalgonas

Las chicas son pervertidas
las más bonitas son mas lindas

Dos lomas formando un barranco
una naranja partida en dos

Pene

Miembro masculino
pétalo de la vagina

deseo femenino
carne divina

Deseo de la mujer
orgasmo de los labios ocultos

Pene flácido, cuerpo cavernoso
pene erecto, cuerpo cavernoso
llenado de pasión amorosa

Órgano compilador
urinario del hombre
sexo masculino

Cubierto de piel arrugada
y vello púbico.

Deseos de las damas
termo entre las gambas

puede ser grande y chico
con mucho o poco pelo

soldado de la noche
alfajor de dulce leche
dispensador de leche

Salchicha de viena
palito de las piernas
cañón de carne
helado palito de carne

Tu vagina

Tu vagina es una flor hermosa
flor caprichosa, flor amorosa

Flor peluda, flor rosada
flor de mi pene

Túnel de mi miembro
orificio hambriento
labios calientes

Labios velludos labios mudos
labios rosados labios mojados

Labios en ocasiones chupados
flor encabezada
labios con lengua pequeña

Rosal de mis deseos
túnel del orgasmo
causa de mi erección
anhelo de acción

Cuevita del amor
flor de amapola
chequera de palo

Mariposa gozona
labios bigotones

Tetas

Tetas grandes
tetas medianas
tetas pequeñas.

Tetas manoseadas
tetas chupadas
tetas besadas.

Dos volcanes diferentes
 las dos no son iguales
una es grande otra es pequeña

Dos manantiales
debilidades del hombre.
Las hay blancas,
amarillas, moradas y negras.

En una noche saltadas
por ejercicio de placer
naranjas de la noche

Flor areola
maestril de abejas
flor rojiza
de la península Ibérica

Atributos redondos
deseos cachondos
llamados melones
por los varones

Palabras mágicas

Que bueno que seas petisa
envase de poker me excita
tu piel suave y me erotiza

Que reine el barullo
lecho del amor

Esa cola es un monumento
al verla me pone contento

Me vuelves loco
me enamoré de ti poco a poco

La hora del cuento sexy
no puedo aguantar más

¿Querés que lo hagamos de nuevo?
Dime que te gusta
Te gusta cuando me toco aquí
eres una maravilla
me siento tan bien contigo

¡Estoy llegando!
¡Me voy hacia ti!

Voy a llegar

Voy a llegar en una flor colorida
en una flor rosada
en una flor florida
verla sin ser amada.

Voy a llegar a saborear
degustar de ella.
Ella no quiere que vea
su boca burbujear.

Ella me provoca
ella me cautiva
y yo vengo en ella.

Voy a llegar más allá de tu corazón
regresar con más inspiración
voy a llegar más abajo sin razón
y regresar sin una ilusión

Voy a llegar a imaginarte
amarte sin tenerte

Verte en mi imaginación
soñarte en mis sueños

Exclamación

¡Oh Dios mío,
esto será mío!
Qué rico estar contigo.
Madre mía, esto es divino

Mi voz gime por vos
no importa si lo que me das
sólo es agua de arroz

¡Ay corazón!, eres todo un bombón
me hiciste perder la razón

Me tienes muy enamorada
lo dice tu mujer amada.

¡Ay madre mía!, esto yo no sabía
Virgen santísima, esto es Purísima
esto es alegría, lo quiero todos días

¡Ay qué rico! otro tantito
¡Ay papito, otro ratito

¡Ay papacito!, hazme despacito
¡Ay que rico!, menéalo suavecito.

¡Ahora, sí!

¡Oh Dios mío!

Así, así

¿Así? Así me gusta

Me encanta cuando me haces así
así quiero que sólo seas para mi

A si quiero que me lo hagas
así por favor no te vayas

¿Asi? Sí
¿Ah, no? ¡Sí! ¿Así? ¡Sí, así! ¡Sí, sí! ¡Así quiero!

Así, dame más
así de salvaje
así me gusta, con coraje

Haz que mi cuerpo se rebaje
o más bien que se relaje

Así deslizando tus dedos en mi espalda
en esta noche de masaje y carcajadas

Así me gusta como te gusta
así me encanta como te encanta

Así quiero darte como quieres
así te amo como me amas.

No pares

No pares que me está gustando
no pares, voy espumando
no pares, me estoy acabando.

No pares, estoy sintiendo bonito
no pares, dame otro tantito.

No pares, acábame completo
no pares, recórreme todito.

No pares, dame más
no pares, otro ratito más
sólo somos dos almas
que estamos en rimas.

No pares, todo es para ti
no pares, sigue así
no pares, cómetelo todo.

No pares, camina hacia mí
no pares, sigue volando junto a mí.

No pares, ven conmigo
no pares, acompáñame.

Soy tuya

Soy tuya, eres mía
te quiero sin reproche
te amo de noche y de día.

Soy dueña de tu cuerpo
aunque me niego a aceptarlo
en mi interior me invade
un gran sentido de pertenecer.

Lo que tengo, todo es para ti
lo que tienes, todo es para mí.

Bésame
siénteme
acaríciame
cuéntame que soy toda tuya

Haz que me sienta en la gloria
sea tu cuerpo con mi cuerpo
tus labios con los míos

Con toda tu lujuria
me tienes locamente enamorada

Háblame
Habítame
Penétrame
soy toda tuya

Dame más

Dame más para potencializar mis energías
dame más para mis alegrías

Dame mas donde tú sabes
dame más lo que me gusta

Dame más
eso que te encanta a ti también
dame más
eso que me hace sentir bien

Dame más calor
dame más amor

Dame más cariño, ¡ay, que divino!
dame más qué siento muy bonito

Dame más besos entre versos

Dame más toquecitos
dame más suavecito
dame más acciones

Dame más abrazos
dame más caricias de manos

Dame más masajes
o más cuerpo de paisajes

Me encanta que

Me encanta que me toques suavecito
deslizando tus manos en mi espalda
deslizando tus labios en mis muslos

Me encanta que me lo agarres
hasta que las ganas acaban

Me encanta que me beses
este dedo mil veces

Me encanta esa pose
aunque verla me acose

Me encanta que me acaricies
de alguna parte de mi cuerpo
que demuestre lo que estás sintiendo por mí.

Me encanta oír tu voz
me encanta sentirte entre mis brazos

Me encanta estar a tu lado
y no extrañarte a distancia de largo

Me encanta oler tu perfume de piel
es la hiel que no encontré en la miel.

Hazme lo que quieras

Hazme lo que más quieras
eso que sólo tú me haces
de lo que nadie se entera

Hazme lo que quieras
eso que tanto me gusta

Hazme tu favorita
hazme venir ahorita

Hazme tuya

Hazme única
para sentirme bonita

Hazme sentir hasta el fondo
esa que me deja redonda

Hazme volar
hazme ver las estrellas

Hazme con fuerzas salvajes
que me lleva hasta la luna

Hazme suavecito
para volar contigo lentamente hasta el cielo.

Placer de cinco sentidos

Me gusta verte
tu belleza alimenta mi vista

Me gusta olerte
tu olor es perfume puro

Me gusta saborearte
tu sabor sabe a riqueza

Me gusta tocarte
tu textura algodonada

Me encanta tu sonido alegría
de mis noches y días

Cuando estás en mis manos
siento una tranquilidad.

Cuando te huelo siento una satisfacción

Cuando escucho hablar de ti
me llena de emoción.

Tú olor, perfume de mi felicidad

Tu sonido, melodía de mis encantos

Sentimientos mixtos

Sientes rico, te doy duro
te duele, te doy despacio.

Sientes que duele pero es rico y pides más.

Te va a doler y te va a gustar
 o te va a doler y no te va a gustar.

No te va a gustar porque no te va a doler
o no te va a doler y te va a gustar.

Te duele, sientes rico
o sientes rico y te duele
de que sí va a haber sentimientos mixtos.

Lo lloras, lo gritas, pegas, golpeas
Acaricias, te estiras, manoseas
Agarras, tragas, deseas, te emociona.

No quieres, pero sí quieres
Quieres, pero no quieres.

Lo que duele rico y bueno
te acordarás de él después.

Montañas de burbujas

Gotas blancas recogiendo labios
deslizando vólvulos
atravesando bellos rizos.

Montañas de burbujas vivas
formadas en forma simétrica
resultados eréctil

Orgasmo de burbujas
saliva del pene, río de la vagina
erección del hombre
orgasmo de un ángel divino.

Burbujeando en la punta del pene
consumiendo un orificio carnoso
haciendo dormir un par de ojos.

Río del placer
mar de los deseos
lubricantes vaginales
deseos salvajes
paisaje de la noche.

Vida del sexo
burbujas de amor
espuma de orgasmo
mar de espuma.

Despertar en ti

Bien sería si despertara a tu lado
escuchar tus ronquidos
presenciar tus susurros.

Ser el acompañante tuyo
despertar los dos juntos
acariciar tus labios a besos.

Llenar tu día de energía
a mí de pasiones
sería tu alegría
son mil razones

Duérmeme en la mañana con tu electricidad
humectarse de tu olor

Dormir entre tus pechos
o despertarme con tus besos

Vivir tu amor eterno
cobijado de tu calor.

Tu sol

Si fuera el sol entraría por tu ventana
en cada mañana para reflejar tu amanecer
y presenciar tu movimiento sensual.

Levantándose lentamente de la cama
cegando tu ojos preciosos
por mis rayos de luz.

Inyectando de energía, quitándote el frío
dándote calor.

El sol de tu día,
el sol de tu iluminación
girando tras de tu mundo
alumbrando tu planeta

Compañía pura en las tinieblas
alumbrándote de lo alto del cielo
mi luz del atardecer
cumplidor de tus anhelos.

Preso de tus besos

Al besarte me quedé atrapado entre tus labios
encarcelado por el coral de tu boca, preso de tus besos
víctima de tus versos

Vida de tu dulzura
causa de tu hermosura
se siente bonito tu atadura
anhelo que esto perdura

Se me hace agua la boca al ver tus lindos y bellos labios
para darte el beso que despierta tu sexto sentido
diciéndole al tiempo que llega el momento
para cumplir ese deseo.

Llévame preso entre tus brazos
con esos besos que nacen desde el fondo del corazón
con los que no piensas dos veces
y me pides varias veces.

Sé que te gusta
es puro amor
lo sabes y lo sientes

Cuando estoy cerquita de ti
nadie te lo quita cerquita de mí.

Hermosa curva roja

La curva de tus labios
es la curva roja
la curva que dice que no afloja
la curva sin ríos.

La más peligrosa
la que intriga mi alma
sin saborear.

La que quisiera recorrer sin reír
o la que quisiera ver mordiendo así misma.

Besar sin tocarte
morder sin verte
desviarme por su susurro
e hundirme en sus besos.

Poder escuchar la melodía de su voz
cuando dibuja tu rostro de felicidad
junto a esa magia de sonrisa.

La que quiero oír hablando
la más bonita sin hablar
la que es triste al llorar
la que es feliz al amar.

Curvas iluminadas

Las curvas de tus ojos
son las curvas más bellas
iluminadas por dos estrellas.

Luz de mi andar
diamantes cristalinos
iluminación encorvada

Desvíos de mi caminar
belleza de mi amor

Curvas empestañadas
curvas cerradas
curvas velludas

Curvas miradas
curvas luminosas
curvas preciosas

Cautivadoras curvas
curvas provocativas
curvas que me curvan.

Curva cónica
curva abierta
curva circular

curvas transparentes
curvas de tu mirar
que tardan mi andar.

Triste de ti, mujer

La poesía más triste de ti, mujer, es verte sola,
verte caminando a solas en la soledad, en la oscuridad
cruzando ríos, montañas y desiertos.
Aguantando hambre y sed, sufriendo calor y frío.

Estando sola en las noches vacías, lleno de dolor,
llorando y gimiendo.
Clamando a Dios que se cumplan tus deseos.
Que en tu vida aleje el dolor, y preguntar dónde está el hombre
que te ame para tu felicidad.

Mujer, tal vez ya no confiarás
en nadie porque te han hecho daño,
te han hecho sufrir en el pasado.
Y entiendo despertar en una mañana, más

todavía no tienes lo que has querido
me siento triste y lloro contigo
cuando veo tus lágrimas rodar en tu mejilla
y escuchar tu voz gritar.

Sabiendo que en el fondo de tu corazón
hiere de penas y dolor
a mí me llena de tristeza y nostalgia.
Ten paciencia ya no te quejes

Pon tu actitud en las cosas que hagas
verás que la vida es interesante
escucha tu corazón que la tuya está por venir, se llama felicidad.

Hermosura de una mujer

No hay rosas ni flores mas hermosas
y bellas que existen en la tierra que tú, mujer.

Miles de hombres describen tu hermosura en diferentes versos
y cantados en melodías hermosas.

Como esta poesía fue inspirada por ti
como tu no hay otra que me hace feliz

Ese cariño ardiente
junto a ese beso extasiado que me das
por eso vengo a ofrecerte mi amor, cariño y ternura.

Porque solo tu tienes la fórmula mágica
de convertirme en el hombre mas feliz del mundo
me arrodillo, te digo gracias por existir.

La poesía más hermosa de ti, mujer,
es tenerte desnuda en la cama entre mis brazos
provocando ternura, pasión y locura de placer.

Ver el paraíso en tus ojos, sentir tu piel
y poder descubrir la magia que llevas por dentro
y poder amarte, sublime mujer.

Compartir contigo tantas alegrías,
poder sentir la estructura de tu hermosura
y encontrar la paz en un beso de tus labios.

Me encuentro contigo en el universo
eres el alma de mis sentimientos
anudas mis anhelos y deseos.

Piel morena

Morena que te caes de buena
morena del caribe, me llenas
cobíjame con tu piel oscura
para que nadie nos vea.

Al estar a tu lado mi mundo se llena de amor
sin causa ni dolor, sólo cariño y ternura.

Como la arena en la orilla del mar
es tan débil, se caliente al calor
el aire la hace levantar al cielo
y el mar la hace mojar.

Así me tienes con la hermosura de tu piel morena
mi debilidad es tu belleza
el rose de tu piel moja mi corazón

No hay hombres que resistan una mirada sin verte
y desear tus ojos negros

¡Oh bellos ojos que tienes!,
reflejan lo que sientes en el fondo de tu corazón
y yo soy imagen de lo que sientes.

Mirada de tus ojos

La primera vez que me viste
de tu belleza olvidar no quise.

En mí despertó una ilusión
de ti se enamoró mi corazón
por ti perdí la razón.

La bella mirada de tus ojos
besó el palpitar de mi corazón
y fue satisfacción pura de mi emoción.

Eres la belleza que en mí floreció su ternura
y me colmó de su belleza de amor.

El destino me trajo contigo
tu existencia, de mí desapareció el gran espacio vacío.

La mirada de tus ojos lloró mis deseos
tus deseos con ansias locas desnudó mis pensamientos.

Disfruta mis sentimientos
asfíxiame de tu temperatura.

Corazón inspirado

En una noche sentado en una cama,
en medio de la oscuridad
viendo un espacio grande y vacío.

Al cerrar mis ojos veo tu cabecita
recostada entre mis brazos
como un ramo de rosa tierna y bella.

¡Oh!, como una estrella brillante
abriendo mis ojos por sus rayos de luz
y lleno mi rostro de felicidad,
mi corazón de alegría.
y mi vida de riqueza.

¡Oh, dulce princesa! Eres hermosa, pero tan hermosa
 que te veo imaginando
e imaginar tu belleza
vuelan mariposas en mi corazón entre rosas y flores.

En lo profundo de mi corazón
nace un suspiro lleno de ternura
palpitando por tu belleza de jardín nocturno.

Tu voz

Escuchar tu dulce voz
es como escuchar la canción más hermosa del mundo.

Es el dulce canto sonoro
cantada por tus lindos labios
sonido timbrado por los dientes
hermosa poesía de la lengua.

Susurro suave de tus labios
excita mi oír sin sufrir
emoción de mis sentidos
eco de tu boca, gritos de tus labios.

Tu voz fuerte, suave y aguda
sigue siendo una melodía hermosa.

Alegría de mis oídos
energía de mi oír
felicidad de mi escuchar.

Hablado es mi conectar
cantada es mi música

Gemida es mi energía eléctrica
llorando soy su tristeza.

Gritando a mí quien lo grita
chillona a mí quien lo llora

Susurro de nuestros secretos
suave relajante para mi seducir.

El roce de tu piel

El roce de tu piel suave como la lana del algodón
su ternura embellece mi corazón
pierdo mi razón
contento mi corazón.

Tacto de mi alma
enriquecimiento de mis deseos
locura de mis pensamientos
néctar tuyo y de tu amo.

Tu piel blanca como la monja blanca
suavecita como la lana
tierna como un bebé
belleza amorosa.

Caricia de tu piel
toque de tus brazos
enlaces de mis manos

Bello sentir de mi corazón
fervor de mi adoración
melodía de mi canción
aliento de mi enamorar.

Hipnotizado

Tu hermosura me ha hipnotizado
la belleza de tus ojos me ha enamorado
mi mente de ti ha pensado
este frío cuerpo de ti se ha acalorado.

Eres el sentir más allá de mi corazón
y el despertar de mi emoción
tus ojitos marrones me tienen alocado.

Eres la gota clara transparente que humedezce
lo polvoriento de mis añoranzas

Para mi felicidad de mañanas
he sudado, empapado y no se me seca.

Que bellos momentos
que bellas noches
los dos nos amamos
los dos dijimos palabras bonitas

Los dos sentimos
Hermoso, relajante tal acción
tú eres mi ideal canción.

Hipnotizado ante tu belleza me quedé dormido
alocado de tenerte, pero me tienen prohibido.

Enamorado de ti
pero no puedo tenerte
tengo hambre de ti
pero no puedo comerte.

Dos gotas y un río

Dos gotas de lágrimas
dos gotas de tristeza
rodaron en un rostro en tus mejillas.

Salidos bajo y alrededor de dos bellos diamantes
por un sentimiento acompañado de varias emociones.

Claras y transparentes
hermosas y potentes.

Que se transformaron en el deseo de vengar
que conmigo vinieron a rodar.

Se convirtieron en un río de felicidad
salidos de dos muslos de una belleza.

Esas dos gotas de lagrimas
ahora es un rio de calor
Felicidad del clímax
esa voz chillona ahora es un gemido de orgasmo

Ese rostro de afligida
ahora ya es un arrollo de risas.

Me derrites

Tus ojos de miel
soy su mosca en la hiel
eres mi sol
y la nieve soy yo, que se derrite ante ti.

Soy como el desierto seco
y abandonado
tu serás mi nube
que me riega con lluvia de tu amor.

Tu belleza de diamante
es belleza cristalina que ciega mis ojos
me derrite ante ella en la oscuridad
con su brillo de intensidad.

Eres mi sol que me da calor en el frío
y mi luna que me alumbra de noche
cuando miro al cielo veo las estrellas
pero cuando miro en la tierra veo tu belleza.

Cuando no te veo, mi mente se atraviesa
en el espacio para imaginar tu belleza
Porque de mi mente eres su bello pensar.

Al estar sin ti mi corazón es incompleto
pero al estar a tu lado toda una vida perfecta
el latir de mi corazón es la señal divina de mis sentimientos.

Piernas

Piernas espectaculares
ganas sin calcular
deseos sin imaginar
gustos en un mirar.

Imaginación de mucho calor
sentimientos profundos
adoración con mucho fervor
¡Ay, mujer! me hundes.

Piernas más lindas
muslos divinos
mujer, estás llena de sensualidad
resumido en dos palabras: que ternurita.

Tienes unas piernas
que lo diré coloquialmente: ¡qué piernotas!
que lindos tallos de Jazmín
miel de mi carmín.

Dichosos mis ojos que lo ven
dichosas mis manos que las tocan
dichosa mi piel que las roza
dichosos mis dedos que las sienten.

Las mejores piernas de un ángel divino
hecho totalmente una linda mujer.

El cabello

Cabello largo
cabello mediano
cabello pequeño

Cabello hermoso
entre mis manos deslizar
enrollar en mis dedos
jalar con una fuerza juguetona.

Cabello rizado
en una noche fue agarrado
medio día en un verano
cabello seco fue mojado.

Vello hermoso
que cubre unos labios deseados
por ellos unas gotas transparentes fueron tragadas.

Cabello mojado
cabello rasurado
cabello despeinado
cabello oculto.

Cabello oscura
pero al verlo ciega mis ojos
anhelo ver en ella esos labios sin risas
o esa lengua chiquitita.

Que me emocionan con prisas
apachurrados entre mis dedos
hilos de mis deseos
alegrías de mis intrigas.

Te imagino

Imagino una mano alocada deslizando del pecho al ombligo
y un poquito más abajo.

Mojado de deseos
acalorado de emociones
vestido de acciones.

Mientras yo, cerrando los ojos,
imaginándote entre mis brazos en una noche oscura.
Imagino tu tierno cuerpo conmigo
con deseos oscuros.

Imagino tus locuras cuando estás a solas
mordiendo la lengua con los ojos cerrados
deseándome junto a ti
cabalgando tu cuerpo hermoso.

Te imagino desnudándome con tus pensamientos
disfrutando con tus sentimientos
cabalgando encima de mí como una almohada
machucando con tus fuerzas de cama.

Deseando un amor platónico
pensando en algo mágico
imaginando este desconocido exótico
sin ser picaflor romántico.

Humedecerme

Mi seco desierto de amor
humedecerlo con las gotas de te quiero
empapar con los besos de tus labios
beber de tus ansias locas.

Sin verte me muero en este frío atardecer
necesito tu calor
y muriendo por oler tu olor de piel.

Eres tú las gotitas de rocío en las flores, en las rosas del amor
y el colibrí mañanero sediento de ti soy yo.

Humectarme de tu compañía en esta soledad
o refrescarme de tu presencia.

Humedezco mis pensamientos con tu belleza
soy frágil al ver tu hermosura
inocente ante tu figura
bandido al brincar la estructura de tu laberinto.

Humedezco mi lengua entre tus labios
mojo mi brazo entre tus pechos
empañar mis manos entre tus manos.

Una pieza de mi cuerpo entre tus piernas
Agotada, sin fuerza, relajado en tu mundo
hundiéndose en lo más profundo
entre tus dos lomas de muslos.

Labios mojados

Labios mojados deseando ser mordidos
unos cabellos despeinados
una almohada mojada
unos vellos rizados, sudados.

Un olor mágico entre dos
dos angelitos enamorados
dos caras felices
dos seres encontrados

Dos corazones latiendo
dos cuerpos consumiendo
una voz gimiendo
una mujer estirando de placer.

Una lengua lamiendo las curvas de unos labios
apachurrando un par de senos
deseando entregar a mí sin ser míos.

Dos seres encendidos
en lo más lejos escondidos
en lo más cerca juntos
solos en un mundo.

Dame una noche

Dame una noche llena de pasiones
llena de alegrías
empapada de tu sudor
perfumada de tu olor.

Intrigada por tus locuras
excitada de emociones
acariciando tus cabellos rizos
consumiendo tu hermosura.

Dame una noche de calor
abrazados hasta el amanecer
sudados de sudor
y en ti permanecer.

Dame una noche de risas
o una noche de caricias
carcajadas entre apretones
abrazos con sueños de querernos más.

Dame una noche cálida
llena de mordeduras
y gemidos de placer
rendido ante tus pies.

Gritado por tus deseos
mi espalda rasguñada por tus bellas uñas
marcada por tus huellas.

El sexo es arte

Si tener sexo no es arte
entonces por qué cuando te meto mi pene
tus nalgas aplauden a mi pene

Si el sexo no es arte
por qué gritas poesías a mi pene
cuando roza tus labios

Escuchar tus gemidos
para mis oídos es poesía pura
al estar dentro de ti es lo más hermoso.

El sexo es divino
el sexo es bonito
el sexo es salud
el sexo es felicidad.

El sexo es un arte,
el sexo es un deseo,
el sexo es un placer,
el sexo es hermoso.

El sexo es bello
el sexo no es pecado
el sexo es reconcilio
el sexo es tuyo y mío.

Si es pecado ¿por qué lo dejaría Dios?
Pecado es tener con quien no deberías.

Porque cuando estoy contigo
me gritas ese deseo de sentirme dentro de ti.

Porque cuando me vengo
querés más ese rascón de calor

Porque te satisface
ese mágico espacioso
desde lo más profundo de tu alma.

Placer sexual

Placer es lo que sientes
placer es lo que siento.

Lo que experimentamos
al estar excitados
lo gozamos juntos o a solas.

El placer es relajación del cuerpo
medicina de la salud
y el bienestar de la vida.

Son diversas sensaciones de disfrute, goce
o satisfacción en una noche de relación.

Es deseo de estar juntos
tú y yo somos dos en uno.
Es decir, complaciendo uno para el otro
nos gozamos, nos disfrutamos.

En acción mágica
en un lapso de cronómetro
sin ser romántica
disfrutamos el momento.

El placer lo siento
lo vivo en los cinco sentidos.

En ti noto la felicidad en tu rostro
queriendo más ese aroma suave, excitado
que embellece tus locuras

Tus gritos,
tus gemidos
con ese apretón de piernas
queriendo que sea eterna.

Uno al otro

Me gustas, te gusto
nos gustamos
y así nos amamos.

Tu belleza es el conectar de mis gustos
tu figura provoca mis deseos
tus palabras son causa de mi suspiro al extrañarte
tus sonrisas canciones hermosas de te quiero.

Mis celos de cuidarte
indicador de que no quiero perderte
mis chistes sin tener chiste para reírse
son signos de que quiero estar contigo.

El calor de tu presencia
es la hermosa tentación de mi inocencia.

Tus tardanzas son esperas de mis mañanas
tus apuros son frutos para el ayer.

Tus hechos de etiqueta de mal
para mí son buenos y especiales.
Qué hacer si es lo mejor
que sabes hacer.

Así me gustas, así te amo
así te imploro, así te deseo, así te quiero
así me enamoraste, así me flechaste, así me cautivaste
así me excitas, así me descritas y qué hago.

Deseo excitante

Cuando te derrites entre mis brazos
con ese beso tierno
cómo olvidar ese momento eterno
lamiendo bajo.

Arañando bultos
qué bello, amoroso
yo muy dentro
como un ángel precioso
siendo oculto.

Ese olor neutro
satisface mi inhalación
que da vida a mi gusto
felicidad de mi respiración.

Esta conjunción intensa es posible sentir,
vivir, disfrutar y gozar.
Solo y sola, o juntos mientras se complace el placer
vivirla con ese deseo excitante.

En ese momento ocasionado
que Dios nos dejó
desde nuestra creación
que hoy nos hace gozar.

Química

Más que mi manera de hablar de tu atracción
es de que me he enamorado de ti
y qué me atraes profundamente.

Fuiste tú la prueba viviente de un amor a primer olfato
quiero decir que sabía que ibas a ser tú el amor de mi vida,
en el momento que te olí.

Tu olor me hizo sentir seguro y al mismo tiempo me activó.
Tu olor es siempre muy sexy para mí.

Contigo sentí química, chispas y electricidad
que con otra persona.
De cómo me veías, cómo me hablabas,
eso me hizo enamorar más de ti
sin poder evitarlo suspiro por ti.

Deseo con intensidad tenerte
cuando pienso en ti me enloquece
me quemo de sentimientos cuando te acercas a mí.

A veces, cuando no estás, fantaseo encuentros contigo
me gusta tu olor, me gusta tu sabor
y me enloquezco cuando me miras.

Cuando estoy solo te extraño.
Al pensarte se mueve todo mi cuerpo,
es como un sismo biológico
que pauta mi conducta en el amor
y me permite conectarme contigo.

Me provocas euforia, alegría y también ansiedad
eres la responsable de la aceleración de mis latidos
eres la química de mi oxígeno.

Lo que sientes es lo que siento, lo que quieres es lo que quiero.
quieres mi amor yo quiero el tuyo, tu corazón late por mí,
el mío hace volar mariposas por ti.

La atracción de tu mirada son química poderosa de fuerzas
que me llevan a estar a solas contigo.

El tiempo es tan poco para amarte
y no poder sacarte de mis pensamientos.
Es tu electricidad que puedo sentir al estar con tu presencia.

Qué rico

Qué rico escuchar tu voz pedirme más
dulce es decir qué rico dame más
pero es más rico sentir lo más rico
vivir y disfrutar del aliento mágico.

Lo que es rico que encuentro en ti
es vivir esa magia enloquecida
junto a esa pasión ardiente
esa energía potente y romántica.

Lo rico a veces no se encuentra en lo más dulce de la miel,
he descubierto contigo
se encuentra en una caricia tierna
en un beso extasiado, junto a un movimiento suave, sensual.

En un beso extasiado y apasionado
o simplemente sentir lo bello en el corazón
cuando me dices un te amo, un te extraño
un te quiero sin petición.

Qué rico es venirse en ti
en ti venirse es rico

Rico es tenerte entre mis brazos
mis brazos son ricos para tenerte.

Lubricados

Partes lubricadas
dos seres amados
dos seres alocados
un hombre enamorado.

Una mujer enloquecida
unos labios rasurados
una mujer excitada
un hombre seducido.

Una cama mojada
una almohada apachurrada
una Diosa muy enamorada.

Fuego de pasión
bello sentir del corazón
alocados en un acción
no se sabe si es puro amor
o tentación…

Energía para mi venir
placer de mis deseos
alegrías de mi sentir
tacto de lo que veo.

Conclusión

El contenido de este libro tal vez es muy pasado de la norma según tu creencia, pero no estoy hablando de una persona en específico, hablé de los dos sexos, femenino y masculino. Lo cual para mi es una bendición, su existir, el hombre y la mujer.

Lo malo no es tener sexo, lo malo es la intención, por qué lo haces y con quién lo haces. O sea, no con menores de edad ni con familiares. Por lo normal se comienza en la juventud, pero según la ley de cada país, según la edad que creen apta para tener sexo. O sea, quiero decir que un mayor de edad no puede tener relaciones sexuales con una menor, ni padres con sus hijos, tíos con sobrinas, primos con primas y viceversa.

Si esto sucede o se hace, se conoce como violación, abuso entre otras palabras.

La violación no duele lo que duele, son los golpes. Eso quiere decir que a la víctima, no es con su consentimiento lo que se le hace.

Muchas personas han tenido sexo con menores de edad y por orgullo presumen con sus amigos (a) que han tenido relación con fulanita de tal y no agradecen que la persona les concedió el permiso de disfrutar la ternura de ella.

"Por eso lo que está encarcelado está vivo que cuando sale muere" por amor a la persona si no lo agradeces a ella o a él por lo que te entrego mínimo no andas presumiendo por ahí que estuviste con ella o con el. Así comienza los problemas yo diría que adora, ama, quiere la y dicelo.

Si eres una persona que es amante del sexo, disfrútalo al máximo y haz que tu pareja o la persona con quién tengas relaciones sexuales goce contigo al mismo tiempo. Ya que la tecnología nos favorece mucho trabajo hoy en día, investiga el tema en lo que no tienes conocimiento, incluso hay libros que hablan de cada área de la vida.

Amar es aprender a tratarte, amarte y quererte contigo mismo y con todas las personas que te rodean.

La vida es una, así que disfruta en un buen sentido tu paso en este mundo. No digo que te vayas a violar o a drogarte o emborracharte. Hay un dicho de Félix Calel que dice: "todo lo malo en exceso es malo". Eso quiere decir que goza de tu sexo masculino con el sexo femenino y viceversa, pero a su normalidad, no en exceso. Haz que cada momento que entregas con la persona o que entrega la persona a ti, sea especial, aprende a decir palabras bonitas no solo cuando tengas relación con ella o con él, si no que cuando lo veas por ahí o si ya son pareja, al despedirse cuando vas al trabajo o al llegar. Así florecerá el amor entre ustedes dos.

Biografía

FÉLIX CALEL es uno de los escritores más nuevos de América Latina. Nació el 12 de marzo de 1994 en Aguacatán, Huehuetenango, Guatemala. Se emigró a Estados Unidos en Diciembre del 2013, en busca del sueño americano.

www.ingramcontent.com/pod-product-compliance
Lightning Source LLC
LaVergne TN
LVHW041540060526
838200LV00037B/1064